Impressum
Verlag: BABADADA GmbH, Nedderfeld 112 , 22529 Hamburg
Geschäftsführer / Verlagsleitung: Harald Hof
Druck: Books on Demand GmbH, In de Tarpen 42, 22848 Norderstedt

Imprint
Publisher: BABADADA GmbH, Nedderfeld 112 , 22529 Hamburg, Germany
Managing Director / Publishing direction: Harald Hof
Print: Books on Demand GmbH, In de Tarpen 42, 22848 Norderstedt

el colegio
โรงเรียน

el aula
ห้องเรียน
dividir
หาร
186/2
el pizarrón
กระดาน
el patio de la escuela
สนามโรงเรียน
el maestro
ครู
el papel
กระดาษ
escribir
เขียน
la birome
ปากกา
el escritorio
โต๊ะทำงาน
la regla
ไม้บรรทัด
el libro
หนังสือ
el alumno
นักเรียน

la mochila
กระเป๋าหนังสือ

la caja de lápices
กล่องดินสอ

el lápiz
ดินสอ

el sacapuntas
กบเหลาดินสอ

la goma (de borrar)
ยางลบ

el bloc de dibujo
สมุดวาดภาพ

2

el dibujo
ภาพวาด

el pincel
พู่กัน

la caja de pinturas
กล่องสี

la tijera
กรรไกร

el pegamento
กาว

el cuaderno de ejercicios
สมุดแบบฝึกหัด

la tarea
การบ้าน

el número
ตัวเลข

sumar
บวก

restar
ลบ

multiplicar
คูณ

calcular
คำนวณ

la letra
ตัวอักษร

el abecedario
อักษรพยัญชนะ

la palabra
คำ

el texto

ข้อความ

leer

อ่าน

la tiza

ชอล์ก

la lección

บทเรียน

el cuaderno de clase

ลงทะเบียน

el examen

การสอบ

el certificado

ใบรับรอง

el uniforme escolar

ชุดนักเรียน

la educación

การศึกษา

la enciclopedia

สารานุกรม

la universidad

มหาวิทยาลัย

el microscopio

กล้องจุลทรรศน์

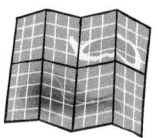

el mapa

แผนที่

el tacho (de basura)

ตะกร้าใส่เศษกระดาษที่ไม่ใช้แล้ว

el viaje

การท่องเที่ยว

el hotel
el hostel
la casa de cambio
สำนักงานแลกเปลี่ยนเงินตรา
la valija
กระเป๋าเดินทาง
el auto
รถยนต์

el idioma

ภาษา

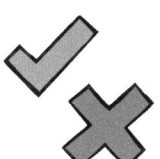

sí / no

ใช่/ไม่ใช่

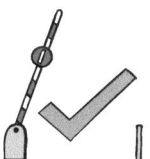

Está bien

ตกลง

hola

สวัสดี

el traductor

นักแปล

Gracias

ขอบคุณ

¿cuánto cuesta…?

ราคาเท่าไหร่...?

No entiendo

ฉันไม่เข้าใจ

el problema

ปัญหา

¡Buenas tardes!

สวัสดีตอนเย็น

¡Buenos días!

สวัสดีตอนเช้า

¡Buenas noches!

ราตรีสวัสดิ์

el adiós

แล้วพบกันใหม่

la dirección

ทิศทาง

el equipaje

กระเป๋าเดินทาง

el bolso

กระเป๋า

la mochila

กระเป๋าสะพายหลัง

el invitado

แขก

la habitación

ห้อง

la bolsa de dormir

ถุงนอน

la carpa

เต้นท์

la información turística

ข้อมูลนักท่องเที่ยว

la playa

ชายหาด

la tarjeta de crédito

บัตรเครดิต

el desayuno

มื้อเช้า

el almuerzo

มื้อกลางวัน

la cena

มื้อเย็น

el pasaje

ตั๋ว

el ascensor

ลิฟต์

el sello

แสตมป์

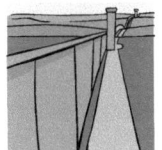

la frontera

พรมแดน

la aduana

ภาษีศุลกากร

la embajada

สถานทูต

la visa

วีซ่า

el pasaporte

พาสปอร์ต

el transporte
ขนส่ง

el barco
เรือใหญ่
la autobomba
รถดับเพลิง
el colectivo
รถโดยสารประจ
el camión
รถบรรทุก
la lancha a motor
เรือยนต์
la bicicleta
จักรยาน/จักรยานยนต์
el auto
รถยนต์

el ferry

เรือข้ามฟาก

el bote

เรือ

la moto

รถจักรยานยนต์

el patrullero

รถตำรวจ

el auto de carreras

รถแข่ง

el auto de alquiler

รถเช่า

el alquiler de autos

การแบ่งกันใช้รถยนต์

la grúa

รถลาก

el camión de la basura

รถขยะ

el motor

เครื่องยนต์

la nafta

เชื้อเพลิง

la estación de servicio

ปั๊มน้ำมัน

la señal de tránsito

เครื่องหมายจราจร

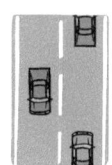

el tránsito

การจราจร

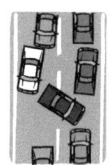

el embotellamiento

การจราจรติดขัด

el estacionamiento

ที่จอดรถ

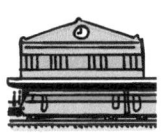

la estación de tren

สถานีรถไฟ

las vías

รางรถไฟ

el tren

รถไฟ

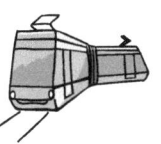

el tranvía

รถราง

el vagón

ตู้รถไฟ

el helicóptero

เฮลิคอปเตอร์

el aeropuerto

สนามบิน

la torre

หอคอย

el pasajero

ผู้โดยสาร

el contenedor

ตู้บรรจุสินค้า

la caja de cartón

กล่องกระดาษ

la carretilla

รถเข็น/รถลาก

la canasta

ตะกร้า

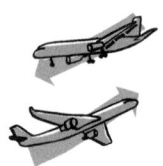

despegar / aterrizar

บินขึ้น/ ลงจอด

la ciudad

เมือง

el pueblo

หมู่บ้าน

el centro de la ciudad

ใจกลางเมือง

la casa

บ้าน

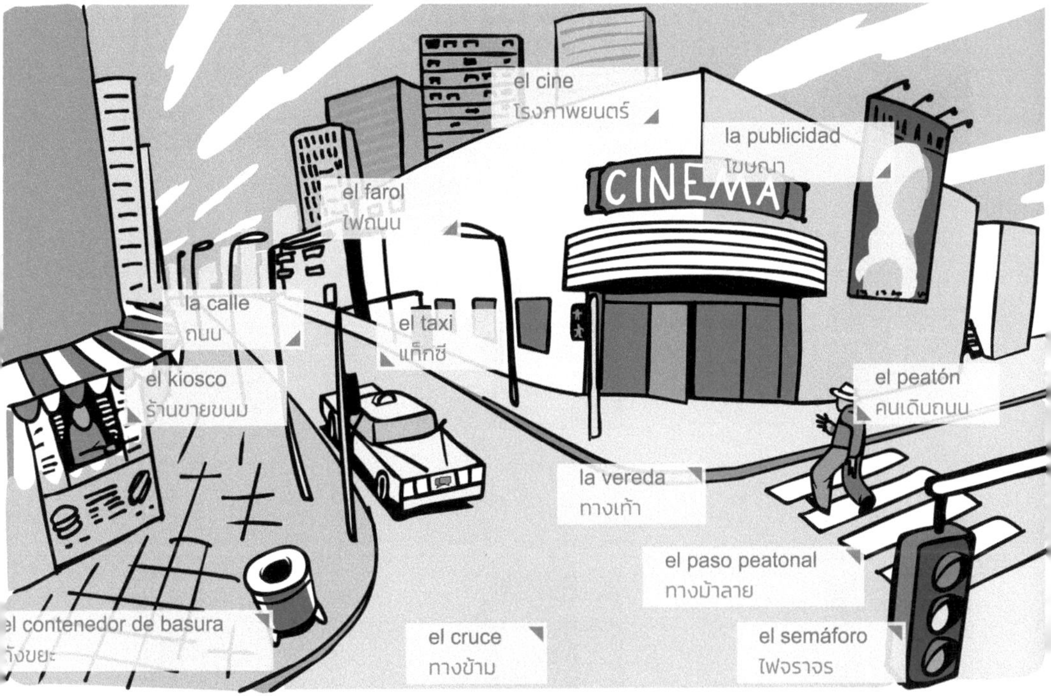

el cine
โรงภาพยนตร์

la publicidad
โฆษณา

el farol
ไฟถนน

CINEMA

la calle
ถนน

el taxi
แท็กซี่

el kiosco
ร้านขายขนม

el peatón
คนเดินถนน

la vereda
ทางเท้า

el contenedor de basura
ถังขยะ

el paso peatonal
ทางม้าลาย

el cruce
ทางข้าม

el semáforo
ไฟจราจร

la cabaña
กระท่อม

el departamento
แฟลต

la estación de tren
สถานีรถไฟ

la municipalidad
ศาลากลางจังหวัด

el museo
พิพิธภัณฑ์

el colegio
โรงเรียน

la universidad

มหาวิทยาลัย

el banco

ธนาคาร

el hospital

โรงพยาบาล

el hotel

โรงแรม

la farmacia

ร้านขายยา

la oficina

สำนักงาน

la librería

ร้านขายหนังสือ

el negocio

ร้านค้า

la florería

ร้านขายดอกไม้

el supermercado

ซูเปอร์มาร์เก็ต

el mercado

ตลาด

las grandes tiendas

ห้างสรรพสินค้า

la pescadería

ร้านขายปลา

el centro comercial

ศูนย์การค้า

el puerto

ท่าเรือ

el parque

สวนสาธารณะ

el banco

ม้านั่ง

el puente

สะพาน

las escaleras

บันได

el subte

รถไฟใต้ดิน

el túnel

อุโมงค์

la parada del colectivo

ป้ายรถเมล์

el bar

บาร์

el restaurante

ร้านอาหาร

el buzón

ตู้ไปรษณีย์

el letrero

ป้ายชื่อถนน

el parquímetro

มิเตอร์เก็บค่าจอดรถ

el zoológico

สวนสัตว์

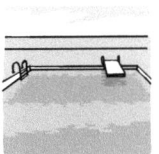

la pileta

สระว่ายน้ำ

la mezquita

สุเหร่า/มัสยิด

la granja

ฟาร์ม

la contaminación

มลพิษ

el cementerio

สุสาน

la iglesia

โบสถ์

los juegos infantiles

สนามเด็กเล่น

el templo

วัด

el paisaje
ภูมิประเทศ

la hoja
ใบไม้

el poste indicador
ป้ายบอกทาง

el camino
ทาง

la pradera
ทุ่งหญ้า

la piedra
ก้อนหิน

el árbol
ต้นไม้

el excursionista
นักเดินทางไกลด้วยเท้า

el río
แม่น้ำ

la hierba
หญ้า

la flor
ดอกไม้

el valle

หุบเขา

la montaña

เนินเขา

el lago

ทะเลสาบ

el bosque

ป่า

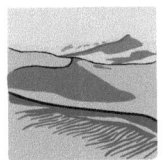

el desierto

ทะเลทราย

el volcán

ภูเขาไฟ

el castillo

คฤหาสน์

el arco iris

รุ้งกินน้ำ

el champiñón

เห็ด

la palmera

ต้นปาล์ม

el mosquito

ยุง

la mosca

แมลงวัน

la hormiga

มด

la abeja

ผึ้ง

la araña

แมงมุม

el escarabajo

แมลงปีกแข็ง

la rana

กบ

la ardilla

กระรอก

el erizo

เม่น

la liebre

กระต่ายป่า

la lechuza

นกฮูก

el pájaro

นก

el cisne

หงส์

el jabalí

หมูป่าตัวผู้

el ciervo

กวาง

el alce

กวางมูส

la presa

เขื่อน

el aerogenerador

กังหันลม

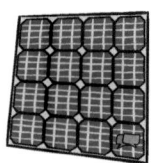

el panel solar

แผงโซล่าเซลล์

el clima

สภาพอากาศ

el restaurante
ร้านอาหาร

el menú
รายการอาหาร
la silla
เก้าอี้
la sopa
la pizza
พิซซ่า
los cubiertos
เครื่องใช้บนโต๊ะอาหาร
el mantel
ผ้าปูโต๊ะ

la entrada
อาหารเรียกน้ำย่อย

el plato principal
อาหารจานหลัก

el postre
ของหวาน

las bebidas
เครื่องดื่ม

la comida
อาหาร

la botella
ขวด

la comida rápida

อาหารจานด่วน

la comida callejera

ร้านข้างถนน

la tetera

กาน้ำชา

la azucarera

โถใส่น้ำตาล

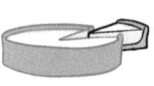

la porción

ส่วนแบ่งอาหารสำหรับหนึ่งคน

la cafetera expreso

เครื่องชงกาแฟเอสเปรสโซ่

la sillita alta

เก้าอี้สูง

la cuenta

ใบเสร็จ

la bandeja

ถาด

el cuchillo

มีด

el tenedor

ส้อม

la cuchara

ช้อน

la cucharita

ช้อนชา

la servilleta

ผ้าเช็ดปากบนโต๊ะอาหาร

el vaso

แก้วน้ำ

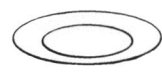

el plato
จาน

el plato hondo
จานซุป

el plato
จานรอง

la salsa
ซอส

el salero
กระปุกเกลือ

el molinillo de pimienta
กระปุกบดพริกไทย

el vinagre
น้ำส้มสายชู

el aceite
น้ำมันที่ใช้ปรุงอาหาร

las especias
เครื่องเทศ

el kétchup
ซอสมะเขือเทศ

la mostaza
มัสตาร์ด

la mayonesa
มายองเนส

el supermercado
ซูเปอร์มาร์เก็ต

ข้อเสนอพิเศษ
FOR
el cliente
ลูกค้า
los lácteos
ผลิตภัณฑ์ที่ทำจากนม
la fruta
ผลไม้
el changuito
รถเข็น

la carnicería

ร้านขายเนื้อ

la panadería

ร้านขายขนมปัง

pesar

ชั่งน้ำหนัก

las verduras

ผัก

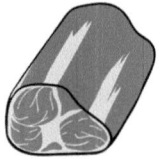

la carne

เนื้อ

los alimentos congelados

อาหารแช่แข็ง

los fiambres
อาหารเนื้อตัดเย็น

los alimentos enlatados
อาหารกระป๋อง

el detergente en polvo
ผงซักฟอก

las golosinas
ขนมหวาน/ลูกกวาด

los electrodomésticos
ผลิตภัณฑ์ในครัวเรือน

los productos de limpieza
ผลิตภัณฑ์ทำความสะอาด

la vendedora
พนักงานขายหญิง

la caja
เครื่องคิดเงิน

el cajero
พนักงานจ่ายเงิน

la lista de compras
รายการซื้อของ

el horario de atención
เวลาเปิดทำการ

la billetera
กระเป๋าสตางค์

la tarjeta de crédito
บัตรเครดิต

la cartera
กระเป๋า

la bolsa de plástico
ถุงพลาสติก

las bebidas

เครื่องดื่ม

el agua

น้ำเปล่า

el jugo

น้ำผลไม้

la leche

นม

la bebida cola

โค้ก

el vino

ไวน์

la cerveza

เบียร์

el alcohol

แอลกอฮอล์

el cacao

โกโก้

el té

ชา

el café

กาแฟ

el café expreso

เอสเปรสโซ่

el cappuccino

คาปูชิโน่

la comida
อาหาร

la banana

กล้วย

la manzana

แอปเปิ้ล

la naranja

ส้ม

el melón

เมลอน

el limón

มะนาว

la zanahoria

แครอท

el ajo

กระเทียม

el bambú

ต้นไผ่

la cebolla

หัวหอม

el champiñón

เห็ด

las nueces

ถั่ว

los fideos

ก๋วยเตี๋ยว

los tallarines

สปาเก็ตตี

el arroz

ข้าว

la ensalada

สลัด

las papas fritas

มันฝรั่งทอด

las papas fritas

มันฝรั่งทอด

la pizza

พิซซ่า

la hamburguesa

แฮมเบอร์เกอร์

el sándwich

แซนด์วิช

el churrasco

ชิ้นเนื้อไร้กระดูก

el jamón

แฮม

el salame

ไส้กรอกแห้งซาลามิ

la salchicha

ไส้กรอก

el pollo

ไก่

el asado

ย่าง/ปิ้ง

el pescado

ปลา

los copos de avena
โจ๊กข้าวโอ๊ต

el muesli
ธัญพืชอบกรอบ

los copos de maíz
คอร์นเฟล็ค

la harina
แป้งทำอาหาร

la medialuna
ครัวซองค์

el pancito
ขนมปังสโคน

el pan
ขนมปัง

la tostada
ขนมปังปิ้ง

las galletitas
บิสกิต

la manteca
เนย

la cuajada
นมข้น

la torta
เค้ก

el huevo
ไข่

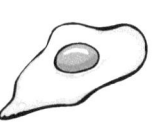

el huevo frito
ไข่ดาว

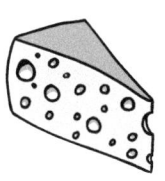

el queso
ชีส

el helado

ไอศกรีม

el azúcar

น้ำตาล

la miel

น้ำผึ้ง

la mermelada

แยม

la pasta de chocolate

ช็อกโกแลตครีมสเปรด

el curry

แกงกะหรี่

la granja
ฟาร์ม

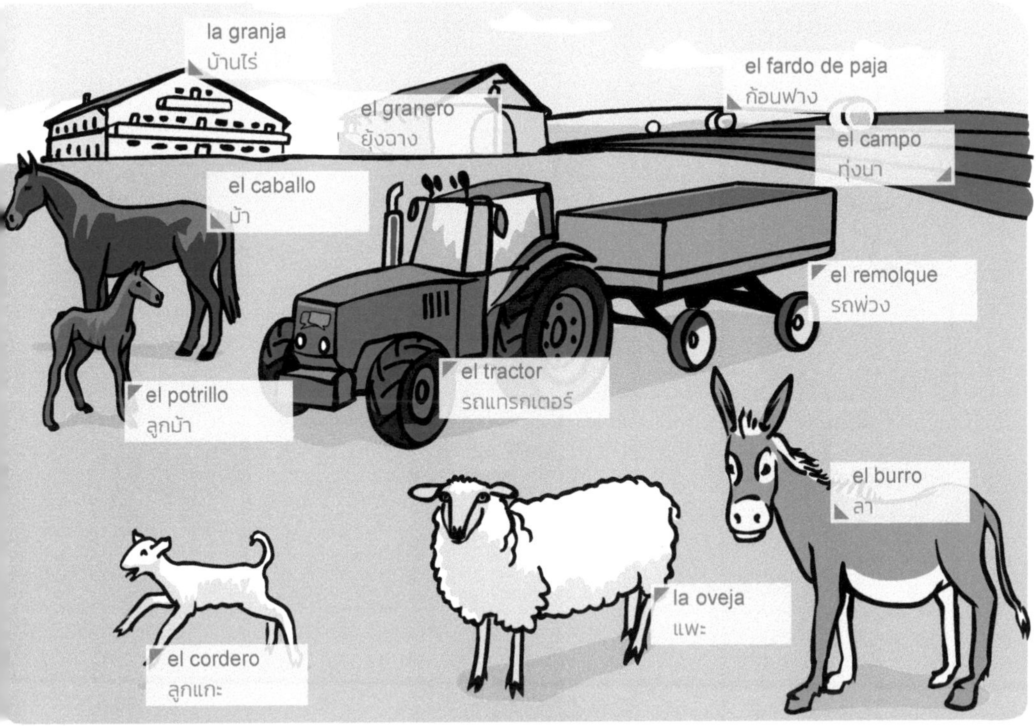

la granja
บ้านไร่
el granero
ยุ้งฉาง
el fardo de paja
ก้อนฟาง
el campo
ทุ่งนา
el caballo
ม้า
el remolque
รถพ่วง
el tractor
รถแทรกเตอร์
el potrillo
ลูกม้า
el burro
ลา
la oveja
แพะ
el cordero
ลูกแกะ

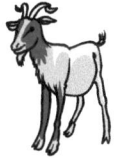

la cabra

แพะ

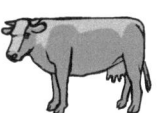

la vaca

วัวตัวเมีย

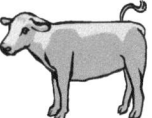

el ternero

ลูกวัว

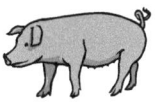

el cerdo

หมู

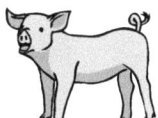

el lechón

ลูกหมู

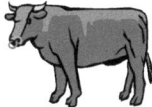

el toro

วัวตัวผู้

el ganso
ห่าน

el pato
เป็ด

el pollo
ลูกไก่

la gallina
แม่ไก่

el gallo
ไก่ตัวผู้

la rata
หนู

el gato
แมว

el ratón
หนู

el buey
วัวตัวผู้สำหรับใช้แรงงานในฟาร์ม

el perro
สุนัข

la cucha
บ้านสุนัข

la manguera
สายยางที่ใช้ในสวน

la regadera
บัวรดน้ำต้นไม้

la guadaña
เคียวด้ามยาว

el arado
คันไถ

la hoz
เคียว

la azada
จอบ

la horquilla
คราด

el hacha
ค้อน

la carretilla
รถเข็นล้อเดียว

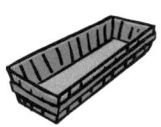

el abrevadero
รางน้ำ

la lechera
ถังใส่นม

la bolsa
กระสอบ

la reja
รั้ว

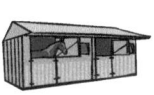

el establo
คอกม้า

el invernadero
เรือนกระจก

el suelo
ดิน

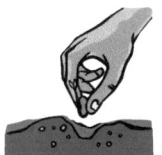

la semilla
เมล็ดพืช

el fertilizador
ปุ๋ย

la cosechadora
เครื่องเกี่ยวนวดข้าว

cosechar

เก็บเกี่ยว

la cosecha

การเก็บเกี่ยว

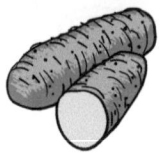

las batatas

มันเทศ

el trigo

ข้าวสาลี

la soja

ถั่วเหลือง

la papa

มันฝรั่ง

el maíz

ข้าวโพด

la semilla de colza

ดอกเรพซีด

el árbol frutal

ต้นไม้ที่ออกผล

la mandioca

มันสำปะหลัง

los cereales

ธัญพืช

la casa
บ้าน

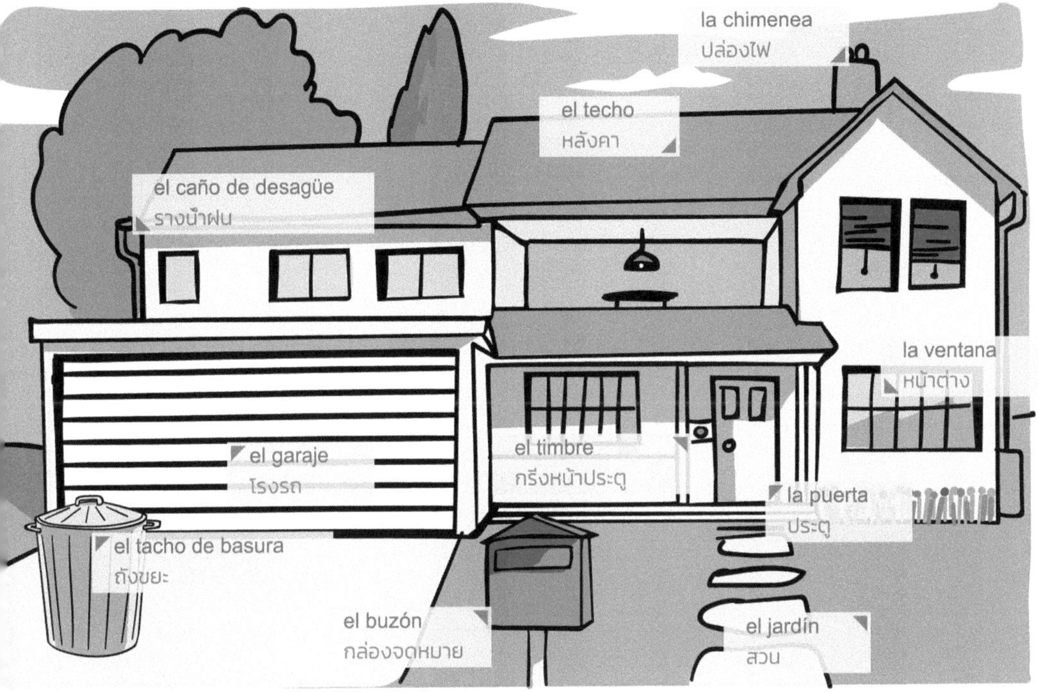
la chimenea
ปล่องไฟ
el techo
หลังคา
el caño de desagüe
รางน้ำฝน
la ventana
หน้าต่าง
el garaje
โรงรถ
el timbre
กริ่งหน้าประตู
la puerta
ประตู
el tacho de basura
ถังขยะ
el buzón
กล่องจดหมาย
el jardín
สวน

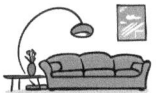

el living

ห้องนั่งเล่น

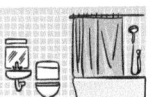

el baño

ห้องน้ำ

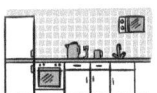

la cocina

ห้องครัว

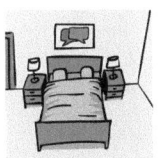

el dormitorio

ห้องนอน

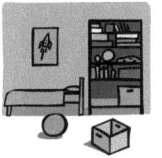

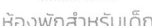

el cuarto de los chicos

ห้องพักสำหรับเด็ก

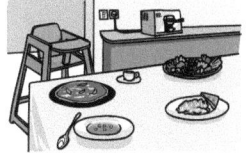

el comedor

ห้องอาหาร

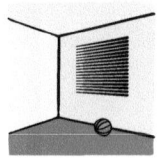

el piso

พื้น

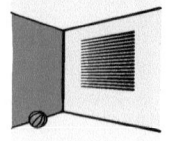

la pared

ผนัง

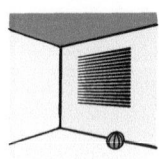

el cielorraso

เพดาน

el sótano

ห้องเก็บของใต้ดิน

el sauna

ซาวน่า

el balcón

ระเบียง

la terraza

ลานตะพักลำน้ำ

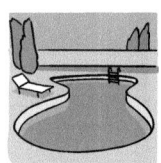

la pileta

สระว่ายน้ำ

la cortadora de pasto

เครื่องตัดหญ้า

la sábana

ผ้าปูที่นอน

el acolchado

ผ้าคลุมเตียง

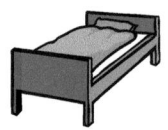

la cama

เตียง

la escoba

ไม้กวาด

el balde

ถังน้ำ

el interruptor

สวิตซ์

el living
ห้องนั่งเล่น

วอลเปเปอร์
la imagen
ภาพ
la lámpara
โคมไฟ
el estante
el armario
ตู้
la televisión
โทรทัศน์
la chimenea
เตาผิง
la flor
ดอกไม้
el almohadón
เบาะ
el sofá
โซฟา
el florero
แจกัน
el control remoto
รีโมทคอนโทรล

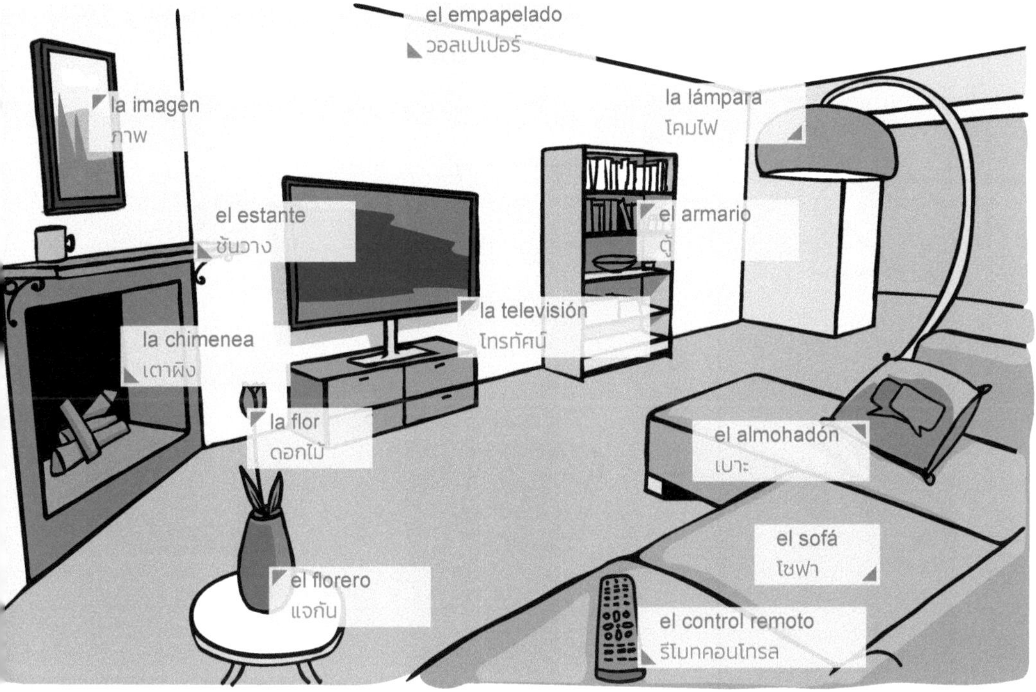

la alfombra

พรมเช็ดเท้า

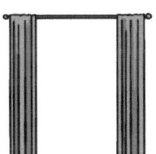

la cortina

ผ้าม่าน

la mesa

โต๊ะ

la silla

เก้าอี้

la mecedora

เก้าอี้โยก

el sillón

เก้าอี้ที่มีที่วางแขน

el libro

หนังสือ

la frazada

ผ้าห่ม

la decoración

ของตกแต่ง

la leña

ฟืน

la película

ภาพยนตร์

el equipo de música

เครื่องเสียงระบบไฮไฟ

la llave

กุญแจ

el diario

หนังสือพิมพ์

la pintura

จิตรกรรม

el póster

โปสเตอร์

la radio

วิทยุ

el cuaderno

สมุด

la aspiradora

เครื่องดูดฝุ่น

el cactus

ตะบองเพชร

la vela

เทียนไข

la cocina
ห้องครัว

la heladera
ตู้เย็น
el microondas
ไมโครเวฟ
la balanza de cocina
เครื่องชั่งน้ำหนักอาหาร
la tostadora
เครื่องปิ้งขนมปัง
el detergente
ผงซักฟอก
el horno
เตาอบ
el freezer
ช่องแข็งในตู้เย็น
el tacho de basura
ถังขยะ
el lavaplatos
เครื่องล้างจาน

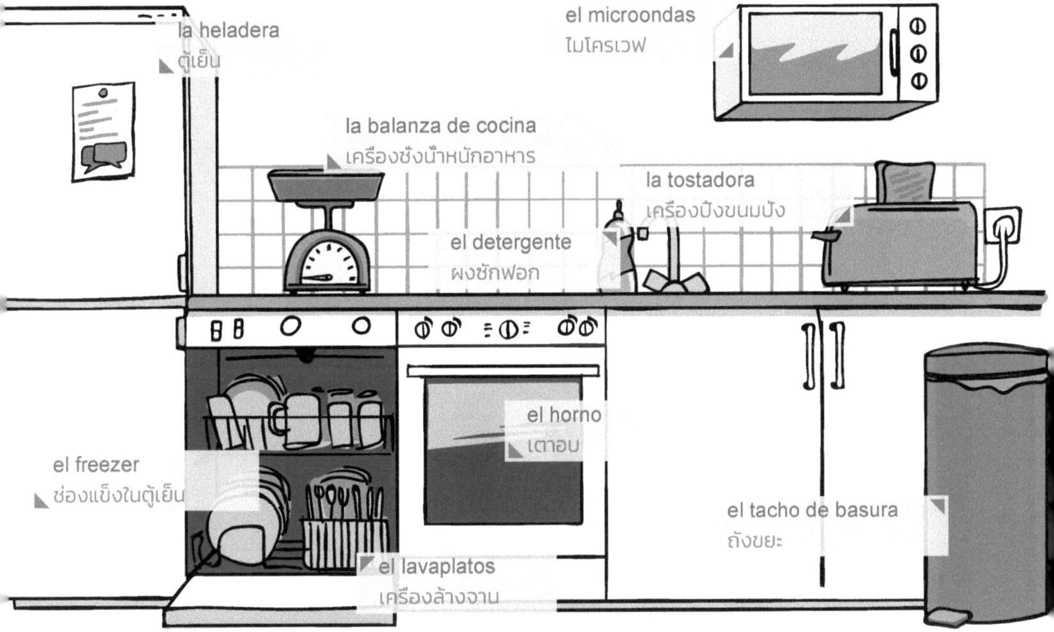

la cocina

เตาปรุงอาหาร

la olla

หม้อ

la olla de hierro fundido

หม้อเหล็กหล่อ

el wok

กระทะจีน

la sartén

กระทะ

la pava

กาต้มน้ำ

la vaporera

หม้อไอน้ำ

la bandeja de horno

ถาดอบ

la vajilla

เครื่องถ้วยชาม

la taza

เหยือก

el bol

ชาม

los palitos

ตะเกียบ

el cucharón

ทัพพีด้ามยาว

la espátula

ตะหลิว

la batidora

ที่ตีไข่

el colador

ที่กรอง

el colador

กระชอน

el rallador

ที่ขูด

el mortero

ครก

la parrilla

บาร์บีคิว

la fogata

แคมป์ไฟถาวร

la tabla de picar
เขียง

el palo de amasar
ไม้นวดแป้ง

el sacacorchos
สว่านเปิดจุกขวด

la lata
กระป๋อง

el abrelatas
ที่เปิดกระป๋อง

la manopla
ถุงมือจับของร้อน

la pileta
อ่างล้างจาน

el cepillo
แปรง

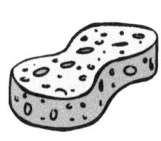

la esponja
ฟองน้ำ

la batidora
เครื่องปั่น

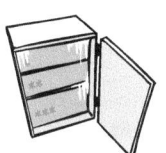

el congelador
ตู้แช่แข็ง

la mamadera
ขวดนม

la canilla
ก๊อกน้ำ

el baño
ห้องน้ำ

la ducha
ฝักบัว
la calefacción
เครื่องทำความร้อน
la toalla
ผ้าเช็ดมือ
la cortina de la ducha
ม่านห้องน้ำ
el baño de espuma
สบู่ทำฟอง
la bañadera
อ่างอาบน้ำ
el vaso
แก้วน้ำ
el lavarropas
เครื่องซักผ้า
la canilla
ก๊อกน้ำ
las baldosas
กระเบื้อง
la pelela
โถส้วมสำหรับเด็ก
la pileta
อ่างล้างจาน

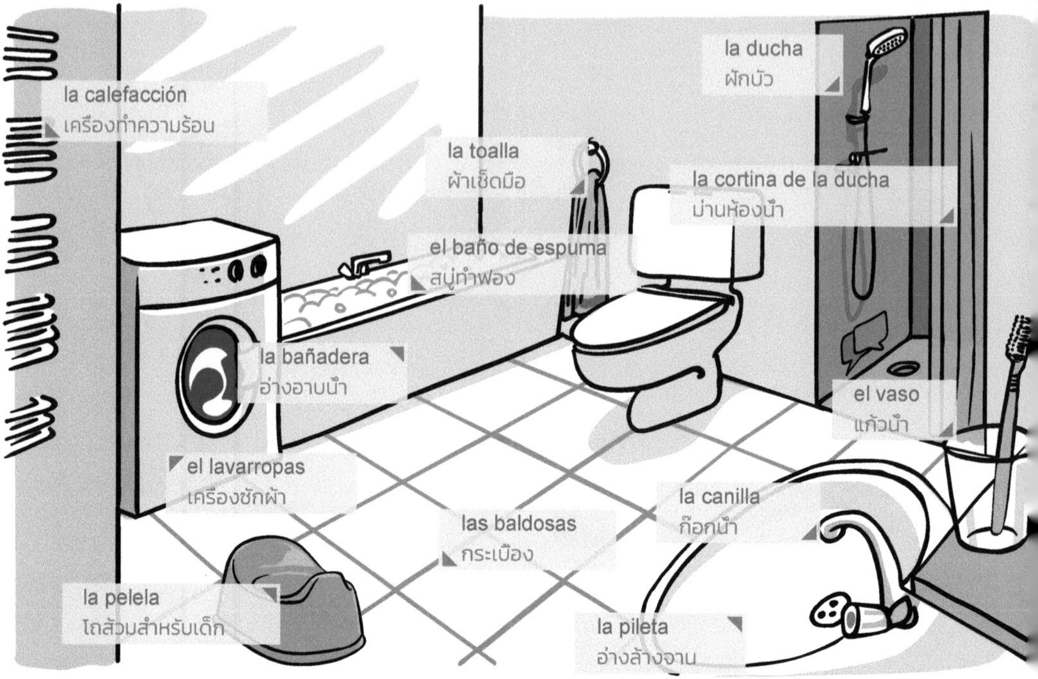

el inodoro
ห้องส้วม

la letrina
ส้วมนั่งยอง

el bidé
โถปัสสาวะหญิง

el mingitorio
โถปัสสาวะชาย

el papel higiénico
กระดาษชำระสำหรับใช้ในห้องน้ำ

el cepillo para el inodoro
แปรงขัดห้องน้ำ

38 el baño - ห้องน้ำ

el cepillo de dientes

แปรงสีฟัน

el dentífrico

ยาสีฟัน

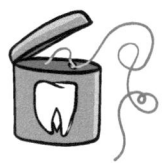

el hilo dental

ไหมขัดฟัน

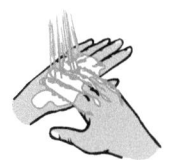

lavar

ล้าง

la ducha de mano

ฝักบัวมือ

la ducha higiénica

สายฉีดชำระ

la palangana

อ่างล้างหน้า

el cepillo para la espalda

แปรงถูหลัง

el jabón

สบู่

el gel de ducha

เจลอาบน้ำ

el shampoo

แชมพู

la toallita

ผ้าสักหลาด

el desagüe

ท่อระบายน้ำทิ้ง

la crema

ครีม

el desodorante

ผลิตภัณฑ์ระงับกลิ่นตัว

el espejo

กระจก

el espejito

กระจกถือ

la maquinita de afeitar

ที่โกนหนวด

la espuma de afeitar

โฟมโกนหนวด

el aftershave

โลชั่นบำรุงผิวหลังโกนหนวด

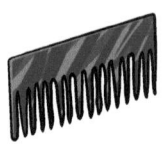

el peine

หวี

el cepillo

แปรง

el secador de pelo

ไดร์เป่าผม

el spray

สเปรย์ฉีดผม

el maquillaje

ชุดเครื่องสำอาง

el lápiz de labios

ลิปสติก

el esmalte para uñas

น้ำยาทาเล็บ

el algodón

สำลี

la tijera para uñas

กรรไกรตัดเล็บ

el perfume

น้ำหอม

el portacosméticos

กระเป๋าอาบน้ำ

la banqueta

เก้าอี้สามขา

la balanza

เครื่องชั่งน้ำหนัก

la bata

เสื้อคลุมอาบน้ำ

los guantes de goma

ถุงมือยาง

el tampón

ผ้าอนามัยแบบสอด

la toallita femenina

ผ้าอนามัย

el baño químico

ส้วมเคมี

el cuarto de los chicos
ห้องพักสำหรับเด็ก

el despertador
นาฬิกาปลุก
el peluche
ของเล่นน่ารักน่ากอด
el coche de juguete
รถยนต์ของเล่น
el sonajero
ของเล่นประเภทเขย่าแล้วมีเสียง
la casa de muñecas
บ้านตุ๊กตา
el regalo
ของขวัญ

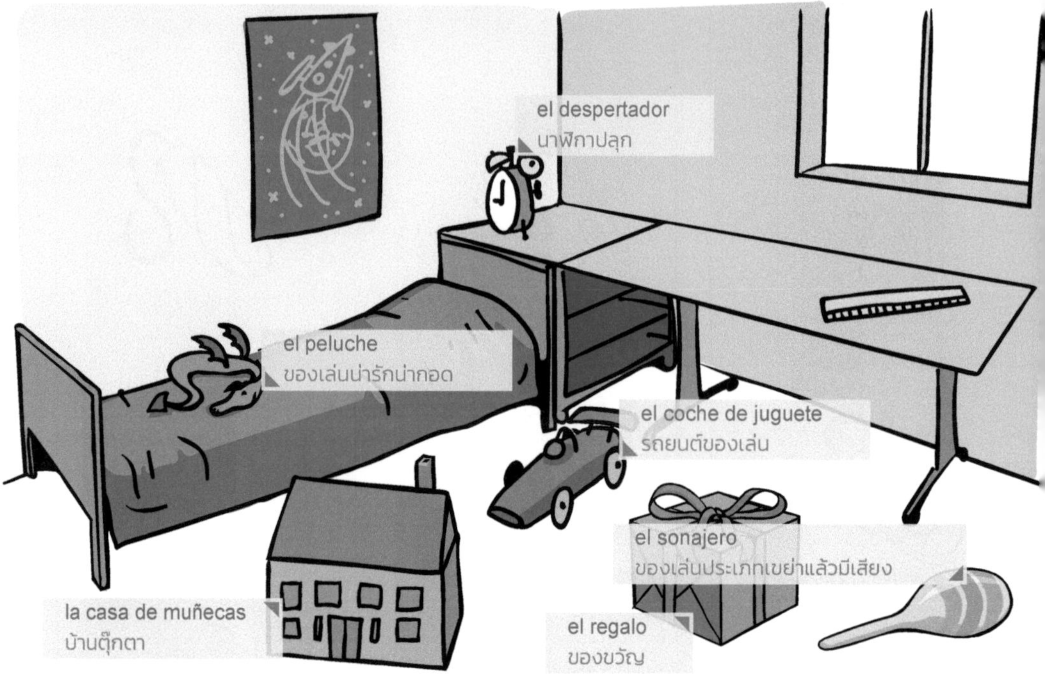

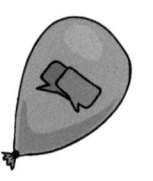

el globo
ลูกโป่ง

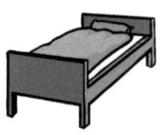

la cama
เตียง

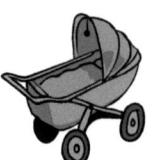

el cochecito
รถเข็นเด็ก

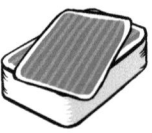

las cartas
สำรับไพ่

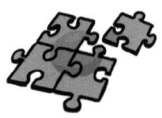

el rompecabezas
จิ๊กซอว์

SUPER
MEGA
la historieta
หนังสือการ์ตูน

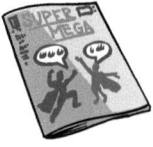

las piezas de lego

ตัวต่อเลโก้

los ladrillos de juguete

บล็อกของเล่น

la figura de acción

ฟิกเกอร์แบบขยับท่าทางได้

el enterito (de bebé)

เสื้อผ้าทารก

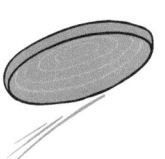

el frisbee

จานร่อน

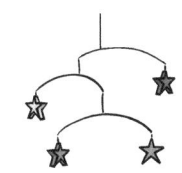

el móvil para bebés

โมบายแขวนหัวเตียงเด็ก

el juego de mesa

เกมกระดาน

los dados

ลูกเต๋า

el tren eléctrico

ชุดรถไฟจำลอง

el chupete

หุ่น

la fiesta

ปาร์ตี้

el libro de cuentos ilustrado

หนังสือภาพ

la pelota

ลูกบอล

la muñeca

ตุ๊กตา

jugar

เล่น

el arenero

หลุมทราย

la hamaca

ชิงช้า

los juguetes

ของเล่น

la consola de videojuegos

เครื่องเล่นวิดีโอเกม

el triciclo

รถจักรยานสามล้อ

el osito de peluche

ตุ๊กตาหมี

el armario

ตู้เสื้อผ้า

la ropa

เสื้อผ้า

las medias

ถุงเท้า

las medias panty

ถุงน่อง

las calzas

กางเกงรัดรูป

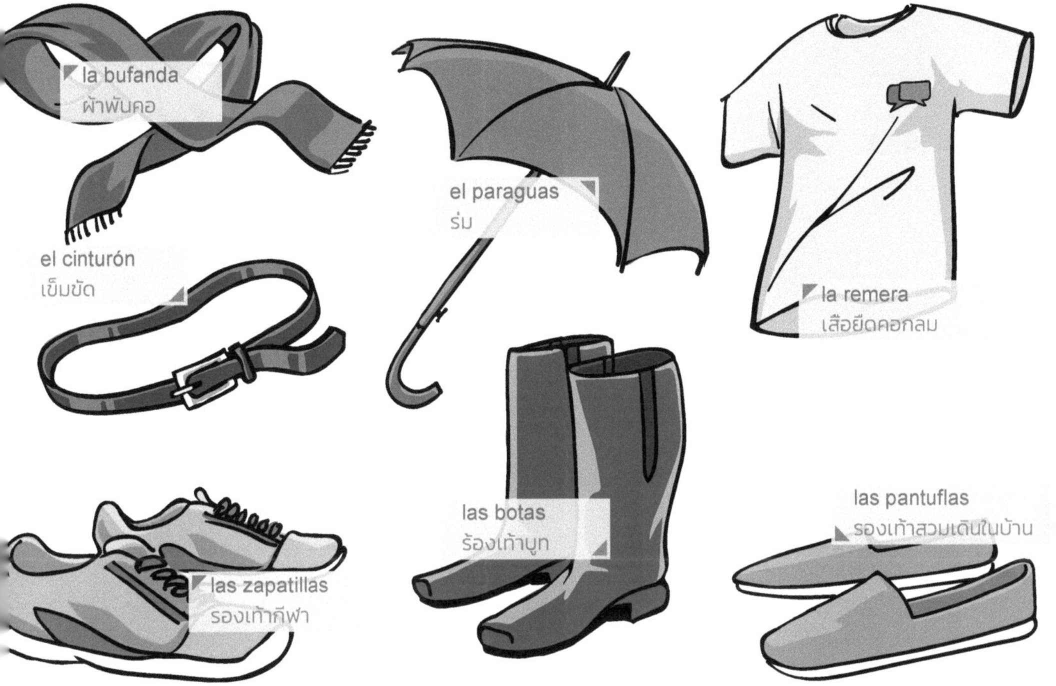

la bufanda
ผ้าพันคอ
el paraguas
ร่ม
el cinturón
เข็มขัด
la remera
เสื้อยืดคอกลม
las botas
ร้องเท้าบูท
las pantuflas
รองเท้าสวมเดินในบ้าน
las zapatillas
รองเท้ากีฬา

las sandalias

รองเท้าแตะ

los zapatos

รองเท้า

las botas de goma

ร้องเท้าบูทยาง

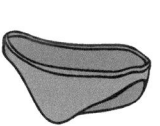

la ropa interior

กางเกงชั้นใน

el corpiño

ยกทรง

el chaleco

เสื้อกล้าม

el body
....
เสื้อรัดรูป

los pantalones
....
กางเกงขายาว

los jeans
....
กางเกงยีน

la pollera
....
กระโปรง

la blusa
....
เสื้อเชิ้ตสตรี

la camisa
....
เสื้อเชิ้ต

el pulóver
....
เสื้อกันหนาว

el buzo
....
เสื้อคลุมมีหมวก

el blazer
....
เสื้อเบลเซอร์

la campera
....
เสื้อแจ็กเก็ต

el tapado
....
เสื้อโค้ท

el piloto
....
เสื้อกันฝน

el traje
....
เครื่องแต่งกาย

el vestido
....
ชุดเดรส

el vestido de novia
....
ชุดแต่งงาน

el traje

เสื้อสูท

el camisón

ชุดราตรี

el pijama

ชุดนอน

el sari

ผ้าส่าหรี

el pañuelo para la cabeza

ฮิญาบ

el turbante

ผ้าโพกศีรษะ

la burka

เสื้อบุรุเกาะ

el caftán

เสื้อคลุมคาฟตาน

la abaya

เสื้อคลุมอบายะห์

el traje de baño

ชุดว่ายน้ำ

el short de baño

กางเกงว่ายน้ำ

los shorts

กางเกงขาสั้น

el jogging

ชุดวอร์ม

el delantal

ผ้ากันเปื้อน

los guantes

ถุงมือ

el botón

กระดุม

los anteojos

แว่นตา

la pulsera

กำไลข้อมือ

el collar

สร้อยคอ

el anillo

แหวน

el aro

ต่างหู

la gorra

หมวกแก๊ป

la percha

ที่แขวนเสื้อโค้ท

el sombrero

หมวกปีกกว้าง

la corbata

เนคไท

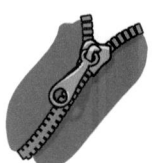

el cierre

ซิป

el casco

หมวกกันน็อก

los tiradores

สายโยงกางเกง

el uniforme escolar

ชุดนักเรียน

el uniforme

เครื่องแบบ

el babero

ผ้ากันเปื้อนเด็ก

el chupete

หุ่น

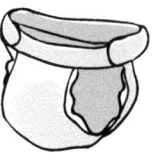

el pañal

ผ้าอ้อม

la oficina

สำนักงาน

el servidor
เซิร์ฟเวอร์
el archivero
ตู้เก็บเอกสาร
la impresora
ปริ้นเตอร์/เครื่องพิมพ์
el papel
กระดาษ
el monitor
หน้าจอ
el mouse
เมาส์
el escritorio
โต๊ะทำงาน
la carpeta
แฟ้ม
el teclado
แป้นพิมพ์
acho (de basura)
ร้าใส่เศษกระดาษที่ไม่ใช้แล้ว
la computadora
คอมพิวเตอร์
la silla
เก้าอี้

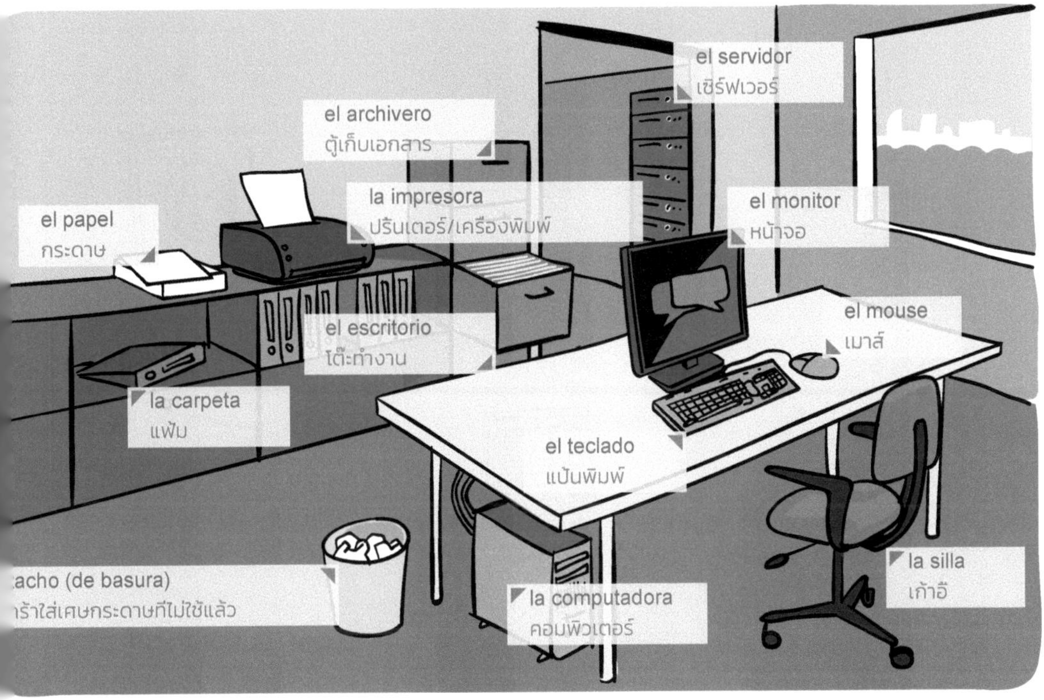

la taza de café

แก้วมัคใส่กาแฟ

la calculadora

เครื่องคิดเลข

el internet

อินเตอร์เน็ต

la laptop

คอมพิวเตอร์แบบพกพา

la carta

จดหมาย

el mensaje

ข้อความ

el celular

โทรศัพท์มือถือ

la red

เครือข่าย

la fotocopiadora

เครื่องถ่ายเอกสาร

el software

ซอฟต์แวร์

el teléfono

โทรศัพท์

el tomacorriente

ปลั๊กตัวเมีย/เต้าเสียบ

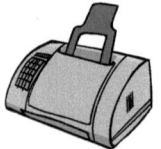

el fax

เครื่องแฟกซ์

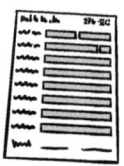

el formulario

แบบฟอร์ม

el documento

เอกสาร

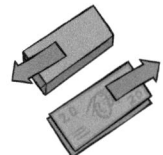

la economía
ความประหยัด

comprar
ซื้อ

pagar
จ่าย

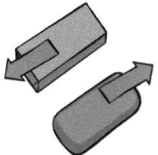

hacer negocios
แลกเปลี่ยน

el dinero
เงิน

el dólar
ดอลลาร์

el euro
ยูโร

el yen
เยน

el rublo
รูเบิล

el franco suizo
ฟรังก์สวิส

el yuan
หยวนเหรินหมินปี้

la rupia
รูปี

el cajero automático
เครื่องสำหรับกดเงินสดจากธนาคาร

la casa de cambio

สำนักงานแลกเปลี่ยนเงินตรา

el oro

ทอง

la plata

เงิน

el petróleo

น้ำมัน

la energía

พลังงาน

el precio

ราคา

el contrato

สัญญา

el impuesto

ภาษี

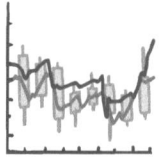

la acción

หุ้น

trabajar

ทำงาน

el empleado

ลูกจ้าง

el empleador

นายจ้าง

la fábrica

โรงงาน

el negocio

ร้านค้า

el policía
เจ้าหน้าที่ตำรวจ

el bombero
พนักงานดับเพลิง

el cocinero
พ่อครัว

el médico
หมอ

el piloto
นักบิน

el jardinero

ชาวสวน

el carpintero

ช่างไม้

la modista

ช่างเย็บผ้าที่เป็นผู้หญิง

el juez

ผู้พิพากษา

el farmacéutico

นักเคมี

el actor

นักแสดงชาย

el colectivero

คนขับรถประจำทาง

el taxista

คนขับรถแท็กซี่

el pescador

ชาวประมง

la mucama

แม่บ้านทำความสะอาด

el techista

ช่างมุงหลังคา

el mozo

บริกรชาย

el cazador

นายพราน

el pintor

จิตรกร

el panadero

คนทำขนมปัง

el electricista

ช่างไฟฟ้า

el albañil

ช่างก่อสร้าง

el ingeniero

วิศวกร

el carnicero

คนขายเนื้อ

el plomero

ช่างประปา

el cartero

บุรุษไปรษณีย์

el soldado

ทหาร

el arquitecto

สถาปนิก

el cajero

พนักงานจ่ายเงิน

el florista

คนขายดอกไม้

el peluquero

ช่างทำผม

el cobrador

พนักงานตรวจตั๋ว

el mecánico

ช่างซ่อมรถยนต์

el capitán

กัปตัน

el dentista

ทันตแพทย์

el científico

นักวิทยาศาสตร์

el rabino

แรบไบ

el imán

อิหม่าม

el monje

พระ

el sacerdote

พระ/นักบวช

las ocupaciones - อาชีพ

las herramientas
เครื่องมือ

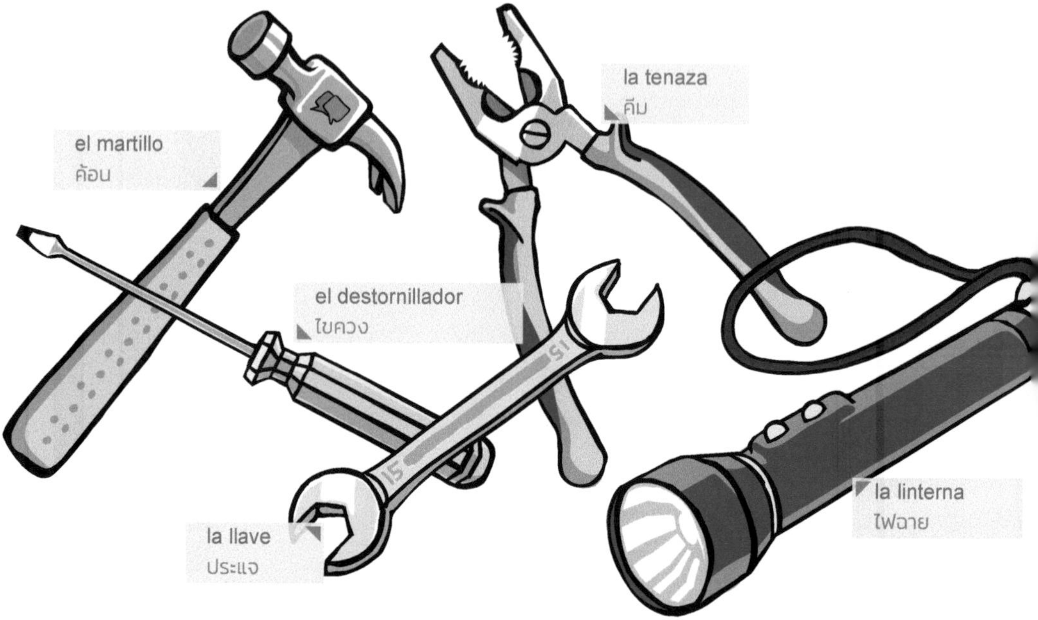

el martillo
ค้อน
la tenaza
คีม
el destornillador
ไขควง
la llave
ประแจ
la linterna
ไฟฉาย

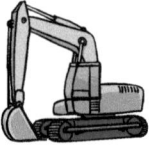

la excavadora

เครื่องขุด

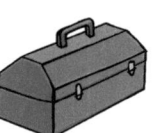

la caja de herramientas

กล่องเครื่องมือ

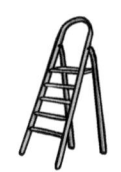

la escalera portátil

กระได

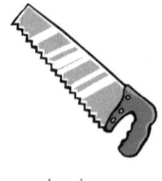

la sierra

เลื่อย

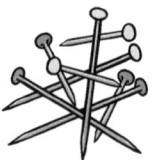

los clavos

ตะปู

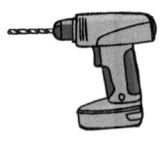

el taladro

สว่าน

arreglar

ซ่อมแซม

la pala de jardín

พลั่ว

¡Qué bronca!

ตายห่า!

la pala de plástico

ที่โกยขยะ

el tacho de pintura

ถังสี

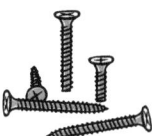

los tornillos

สกรู

los instrumentos musicales
เครื่องดนตรี

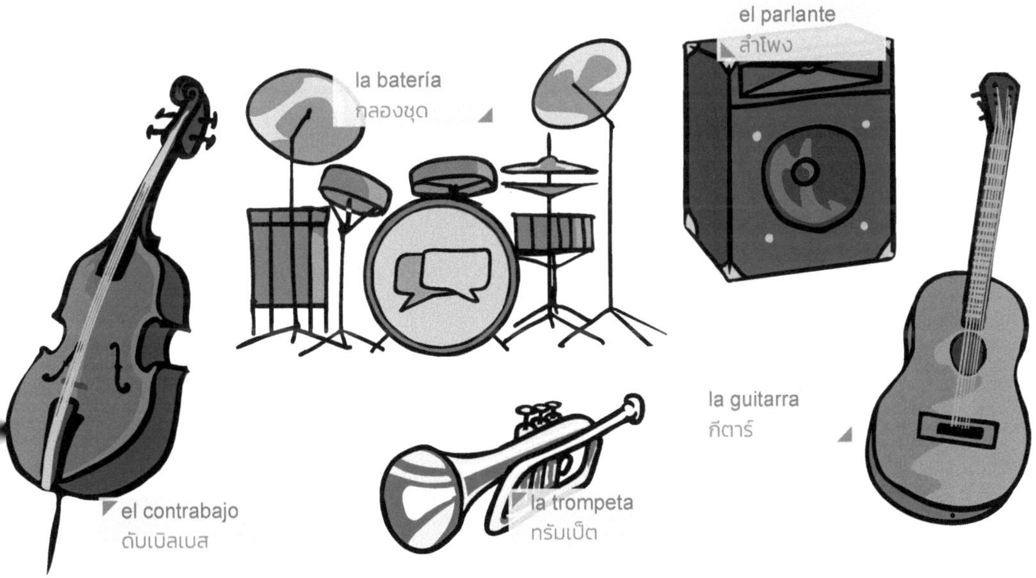

el parlante
ลำโพง
la batería
กลองชุด
la guitarra
กีตาร์
el contrabajo
ดับเบิลเบส
la trompeta
ทรัมเป็ต

el piano

เปียโน

el violín

ไวโอลิน

el bajo

เบส

los timbales

กลองทิมปานี

el tambor

กลอง

el teclado

คีย์บอร์ด

el saxofón

แซ็กโซโฟน

la flauta

ฟลูต

el micrófono

ไมโครโฟน

el zoológico

สวนสัตว์

la entrada
ทางเข้า
el tigre
เสือ
la jaula
กรง
la cebra
ม้าลาย
el alimento para animales
el oso panda
หมีแพนด้า

los animales

สัตว์

el elefante

ช้าง

el canguro

จิงโจ้

el rinoceronte

แรด

el gorila

กอริลล่า

el oso

หมี

el camello

อูฐ

el avestruz

นกกระจอกเทศ

el león

สิงโต

el mono

ลิง

el flamenco

นกฟลามิงโก

el loro

นกแก้ว

el oso polar

หมีขั้วโลก

el pingüino

เพนกวิน

el tiburón

ฉลาม

el pavo real

นกยูง

la serpiente

งู

el cocodrilo

จระเข้

el cuidador del zoológico

ผู้ดูแลสัตว์

la foca

แมวน้ำ

el jaguar

เสือจากัวร์

el poni

ม้าพันธุ์เล็ก

el leopardo

เสือดาว

el hipopótamo

ฮิปโป

la jirafa

ยีราฟ

el águila

เหยียว

el jabalí

หมูป่าตัวผู้

el pescado

ปลา

la tortuga

เต่า

la morsa

ช้างน้ำ

el zorro

จิ้งจอก

la gacela

กาเซลล์

los deportes

กีฬา

el fútbol americano
อเมริกันฟุตบอล
el ciclismo
ขี่จักรยาน
el tenis
เทนนิส
el básquet
บาสเกตบอล
la natación
ว่ายน้ำ
el boxeo
มวย
el hockey sobre hielo
ฮอคกี้น้ำแข็ง

el fútbol

ฟุตบอล

el bádminton

แบดมินตัน

el atletismo

กรีฑา

el handball

แฮนด์บอล

el esquí

สกี

el polo

กีฬาโปโลน้ำ

saltar
กระโดด

reír
หัวเราะ

abrazar
กอด

caminar
เดิน

cantar
ร้องเพลง

soñar
ฝัน

rezar
ภาวนา/สวดมนต์

besar
จูบ

escribir
เขียน

dibujar
วาดภาพ

mostrar
แสดง

presionar
ผลัก

dar
ให้

tomar
เอาไป

tener
มี

hacer
ทำ

ser
เป็น

estar parado
ยืน

correr
วิ่ง

tirar
ดึง

tirar
โยน

caer
ตก/หล่น

estar acostado
นอนเหยียดยาว

esperar
รอคอย

llevar
ถือ

estar sentado
นั่ง

vestirse
แต่งตัว

dormir
นอนหลับ

despertar
ตื่น

mirar

มองดู

llorar

ร้องไห้

acariciar

ลูบ

peinar

หวีผม

hablar

พูดคุย

entender

เข้าใจ

preguntar

ถาม

escuchar

ฟัง

beber

ดื่ม

comer

กิน

ordenar

จัดให้เป็นระเบียบ

amar

รัก

cocinar

ทำอาหาร

manejar

ขับรถ

volar

บิน

navegar

ล่องเรือ

calcular

คำนวณ

leer

อ่าน

aprender

เรียนรู้

trabajar

ทำงาน

casarse

แต่งงาน

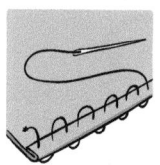

coser

เย็บ

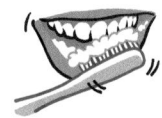

cepillarse los dientes

แปรงฟัน

matar

ฆ่า

fumar

สูบบุหรี่

enviar

ส่ง

la abuela
ย่า/ยาย

el abuelo
ปู่/ตา

el padre
พ่อ

la madre
แม่

el bebé
ทารก

la hija
ลูกสาว

el hijo
ลูกชาย

el invitado

แขก

la tía

ป้า

el tío

ลุง

el hermano

พี่ชาย/น้องชาย

la hermana

พี่สาว/น้องสาว

el cuerpo

ร่างกาย

la frente
หน้าผาก
ตา
el hombro
ไหล่
el dedo
นิ้วมือ
la cara
ใบหน้า
la pera
la mano
มือ
la pierna
ขา
el pecho
หน้าอก
el brazo
แขน

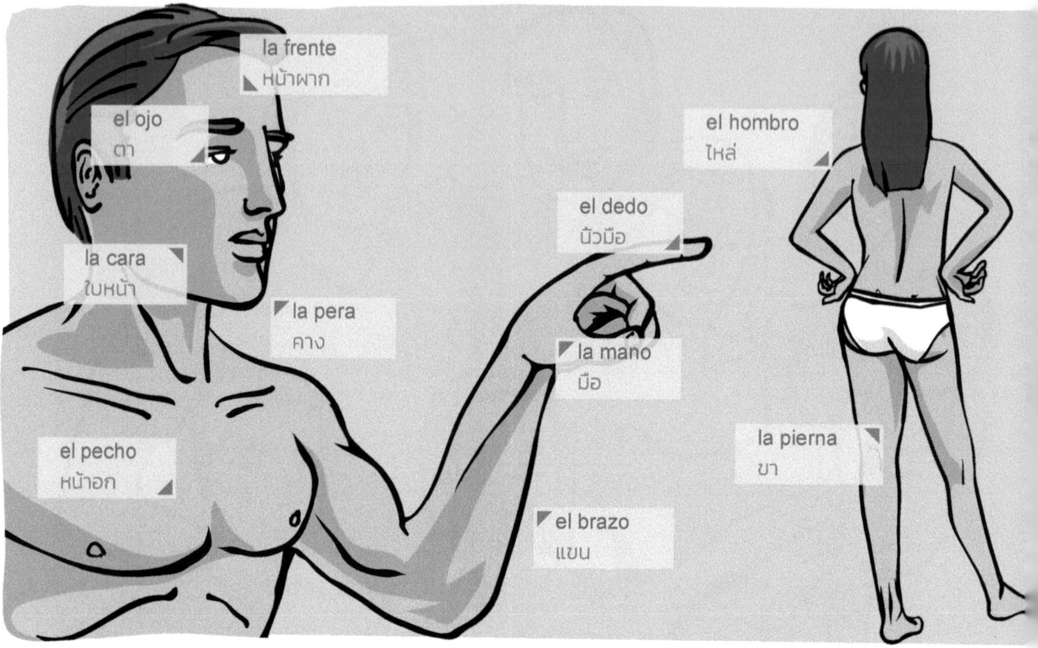

el bebé

ทารก

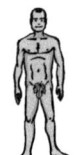

el hombre

ผู้ชาย

la mujer

ผู้หญิง

la nena

เด็กผู้หญิง

el nene

เด็กผู้ชาย

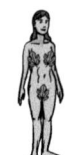

la cabeza

ศีรษะ

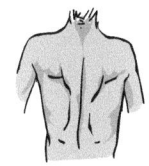

la espalda

หลัง

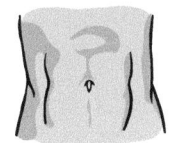

la panza

ท้อง

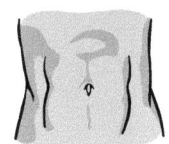

el ombligo

สะดือ

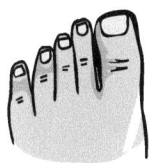

el dedo del pie

นิ้วเท้า

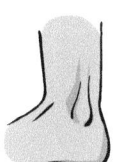

el talón

ส้นเท้า

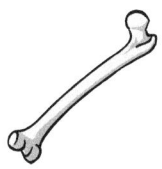

el hueso

กระดูก

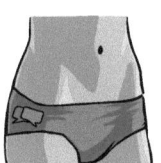

la cadera

สะโพก

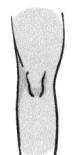

la rodilla

หัวเข่า

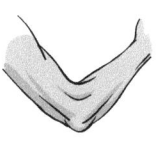

el codo

ข้อศอก

la nariz

จมูก

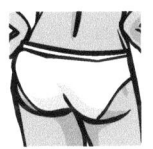

la cola

ก้น

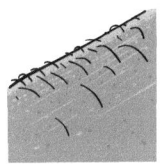

la piel

ผิวหนัง

el cachete

แก้ม

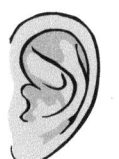

la oreja

หู

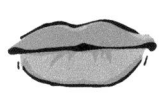

el labio

ริมฝีปาก

la boca
ปาก

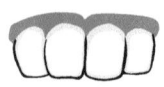

el diente
ฟัน

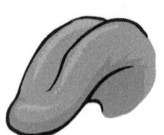

la lengua
ลิ้น

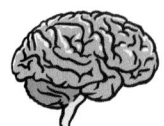

el cerebro
สมอง

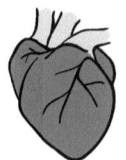

el corazón
หัวใจ

el músculo
กล้ามเนื้อ

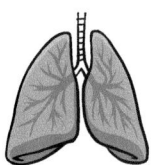

el pulmón
ปอด

el hígado
ตับ

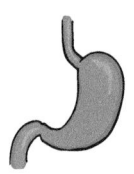

el estómago
กระเพาะ

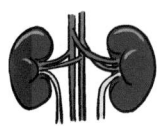

los riñones
ไต

el sexo
เพศสัมพันธ์

el preservativo
ถุงยาง

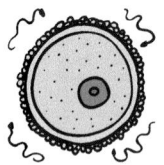

el óvulo
เซลล์ไข่

el semen
น้ำอสุจิ

el embarazo
การตั้งครรภ์

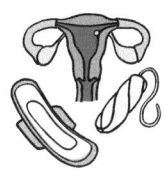

la menstruación

ประจำเดือน

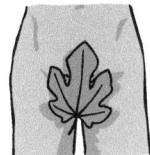

la vagina

ช่องคลอด

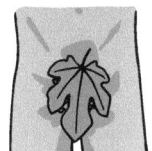

el pene

องคชาต

la ceja

คิ้ว

el pelo

เส้นผม

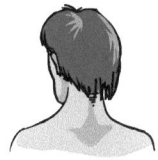

el cuello

คอ

el hospital
โรงพยาบาล

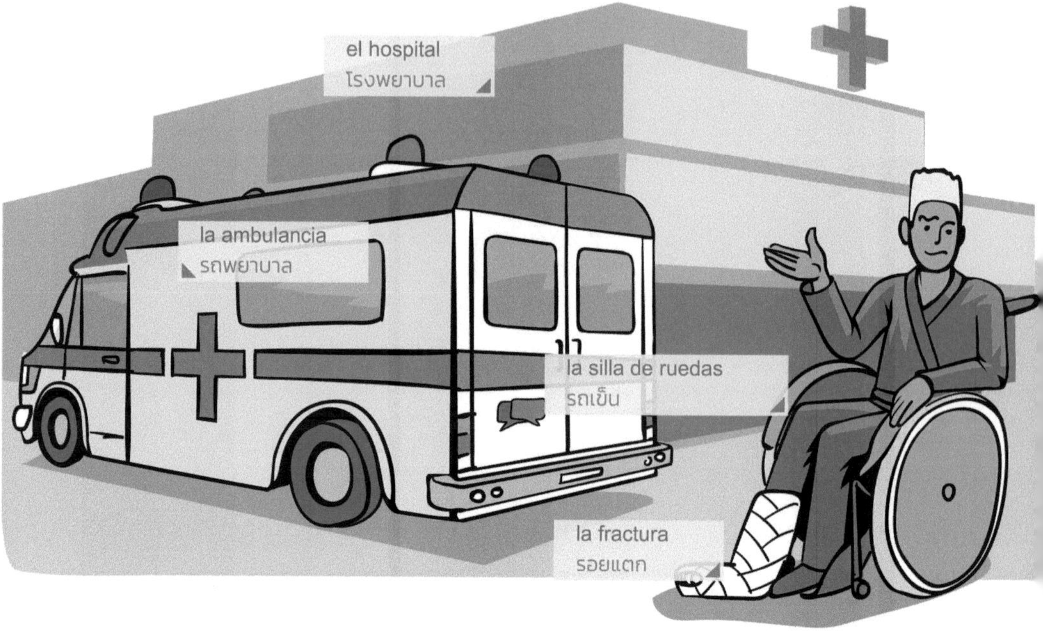

โรงพยาบาล
la ambulancia
รถพยาบาล
la silla de ruedas
รถเข็น
la fractura
รอยแตก

el médico

หมอ

la sala de guardia

ห้องฉุกเฉิน

la enfermera

พยาบาล

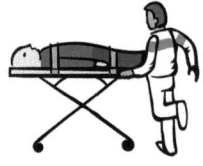

la emergencia

ฉุกเฉิน

inconsciente

หมดสติ

el dolor

อาการเจ็บปวด

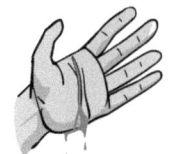

la lesión
การบาดเจ็บ

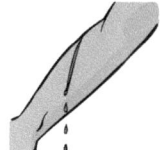

la hemorragia
เลือดไหล

el infarto
หัวใจวาย

el ACV
โรคหลอดเลือดในสมอง

la alergia
โรคภูมิแพ้

la tos
ไอ

la fiebre
ไข้

la gripe
ไข้หวัด

la diarrea
ท้องเสีย

el dolor de cabeza
การปวดหัว

el cáncer
มะเร็ง

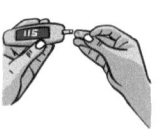

la diabetes
โรคเบาหวาน

el cirujano
ศัลยแพทย์

el bisturí
มีดผ่าตัด

la operación
การผ่าตัด

la TC

เครื่องเอกซเรย์คอมพิวเตอร์ควา
มเร็วสูง

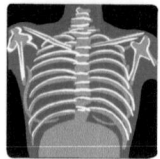

los rayos x

เอกซเรย์

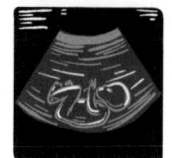

la ecografía

อัลตราซาวด์

el barbijo

หน้ากากอนามัย

la enfermedad

โรค

la sala de espera

ห้องรอตรวจ

la muleta

ไม้เท้า

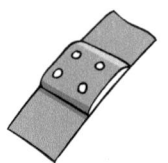

la curita

ปลาสเตอร์ยา

la venda

ผ้าพันแผล

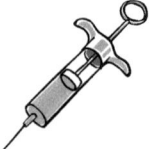

la inyección

ฉีดยา

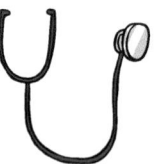

el estetoscopio

เครื่องฟังตรวจ

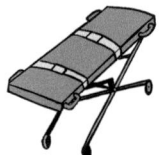

la camilla

เปลหาม

el termómetro

ปรอทวัดไข้

el nacimiento

การเกิด

el sobrepeso

น้ำหนักเกิน

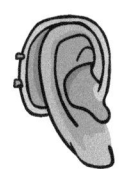

el audífono
เครื่องช่วยฟัง

el desinfectante
สารฆ่าเชื้อ

la infección
การติดเชื้อ

el virus
ไวรัส

el VIH / SIDA
เอชไอวี/เอดส์

el remedio
ยา

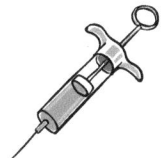

la vacunación
การฉีดวัคซีน

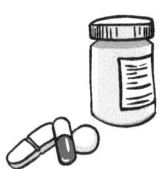

los comprimidos
ยาเม็ด

la pastilla anticonceptiva

ยาเม็ดกลม

la llamada de emergencia
โทรออกฉุกเฉิน

el tensiómetro
เครื่องวัดความดันโลหิต

enfermo / sano
ป่วย/ สุขภาพดี

la emergencia

ฉุกเฉิน

¡Ayuda!

ช่วยด้วย!

la alarma

สัญญาณเตือนภัย

la agresión

การทำร้าย

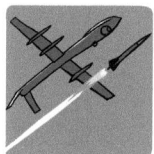

el ataque

การโจมตี

el peligro

อันตราย

la salida de emergencia

ทางออกฉุกเฉิน

¡Fuego!

ไฟไหม้!

el matafuego

ถังดับเพลิง

el accidente

อุบัติเหตุ

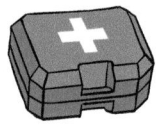

el botiquín de primeros auxilios

ชุดปฐมพยาบาลเบื้องต้น

el SOS

สัญญาณขอความช่วยเหลือ

la policía

ตำรวจ

la Tierra
โลก

Europa

ยุโรป

América del Norte

อเมริกาเหนือ

América del Sur

อเมริกาใต้

África

แอฟริกา

Asia

เอเชีย

Australia

ออสเตรเลีย

el Atlántico

แอตแลนติก

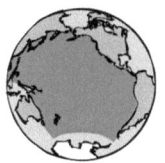

el Pacífico

แปซิฟิก

el Océano Índico

มหาสมุทรอินเดีย

el Océano Antártico

มหาสมุทรแอนตาร์กติก

el Océano Ártico

มหาสมุทรอาร์กติก

el polo norte

ขั้วโลกเหนือ

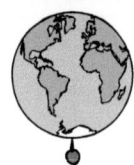

el polo sur

ขั้วโลกใต้

la Antártida

แอนตาร์กติกา

la Tierra

โลก

la tierra

พื้นดิน

el mar

ทะเล

la isla

เกาะ

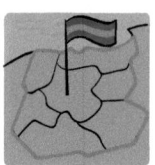

la nación

ชาติ/ประชาชาติ

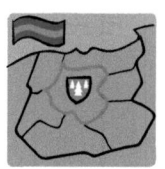

el estado

รัฐ

el reloj
นาฬิกา

la esfera

หน้าปัดนาฬิกา

la manecilla de las horas

เข็มชั่วโมง

el minutero

เข็มนาที

el segundero

เข็มวินาที

¿Qué hora es?

กี่โมงแล้ว?

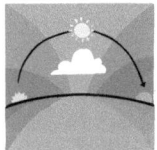

el día

วัน

la hora

เวลา

ahora

ตอนนี้

el reloj digital

นาฬิกาดิจิตอล

el minuto

นาที

la hora

ชั่วโมง

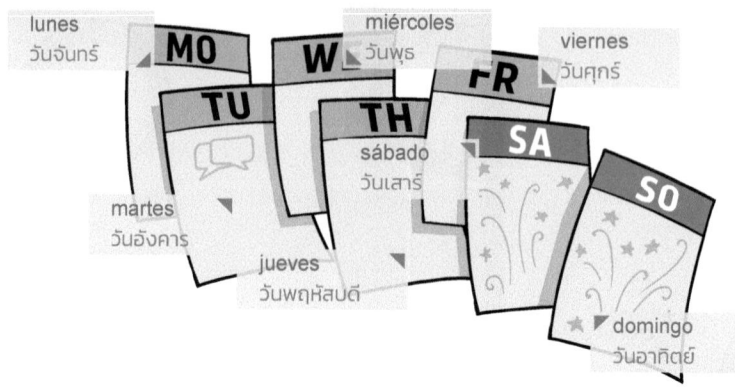

la semana

สัปดาห์

lunes
วันจันทร์
martes
วันอังคาร
miércoles
วันพุธ
jueves
วันพฤหัสบดี
viernes
วันศุกร์
sábado
วันเสาร์
SA
domingo
วันอาทิตย์

ayer

เมื่อวาน

hoy

วันนี้

mañana

พรุ่งนี้

la mañana

ตอนเช้า

el mediodía

ตอนเที่ยง

la tarde

ตอนเย็น

los días hábiles

วันทำการ

el fin de semana

วันสุดสัปดาห์

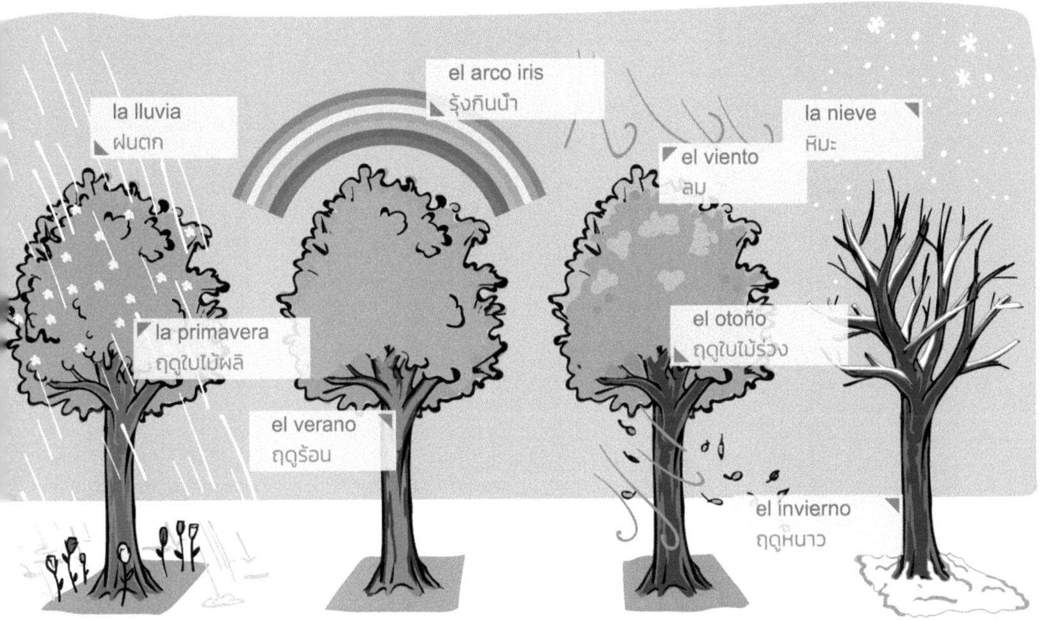

la lluvia
ฝนตก

el arco iris
รุ้งกินน้ำ

la nieve
หิมะ

el viento
ลม

la primavera
ฤดูใบไม้ผลิ

el otoño
ฤดูใบไม้ร่วง

el verano
ฤดูร้อน

el invierno
ฤดูหนาว

el pronóstico meteorológico

การพยากรณ์อากาศ

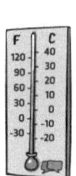

el termómetro

เครื่องวัดอุณหภูมิ

la luz del sol

แสงแดด

la nube

ก้อนเมฆ

la niebla

หมอก

la humedad

ความชื้น

el rayo

ฟ้าแลบ/ฟ้าผ่า

el trueno

ฟ้าร้อง

la tormenta

พายุ

el granizo

ลูกเห็บ

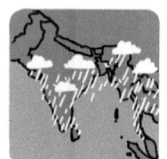

el monzón

ลมมรสุม

la inundación

น้ำท่วม

el hielo

น้ำแข็ง

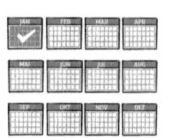

enero

มกราคม

febrero

กุมภาพันธ์

marzo

มีนาคม

abril

เมษายน

mayo

พฤษภาคม

junio

มิถุนายน

julio

กรกฎาคม

agosto

สิงหาคม

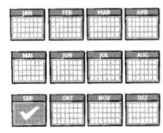

septiembre

กันยายน

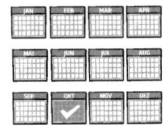

octubre

ตุลาคม

noviembre

พฤศจิกายน

diciembre

ธันวาคม

las formas

รูปร่าง

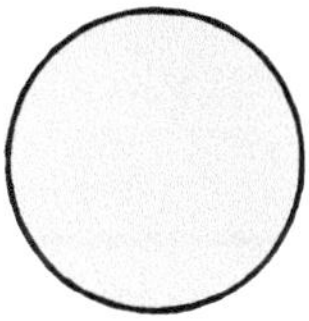

el círculo

วงกลม

el cuadrado

สี่เหลี่ยม

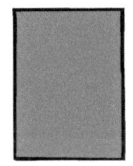

el rectángulo

สี่เหลี่ยมผืนผ้า

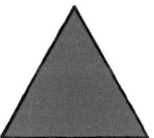

el triángulo

สามเหลี่ยม

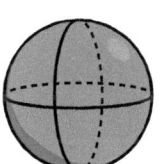

la esfera

ทรงกลม

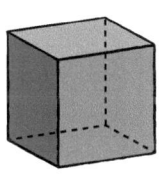

el cubo

ลูกบาศก์

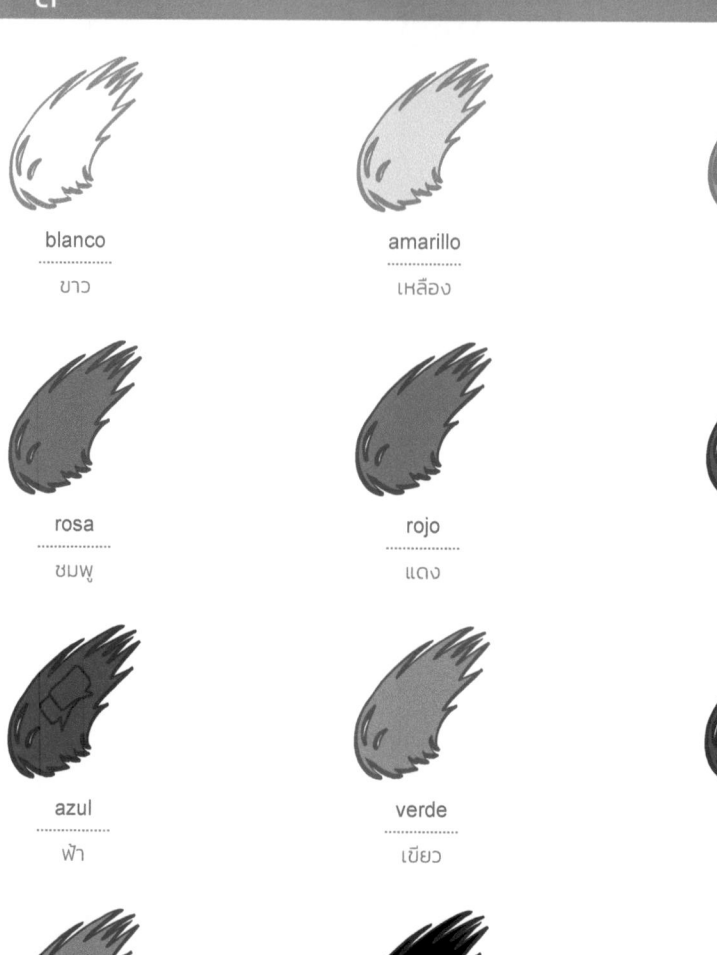

colores

สี

blanco

ขาว

amarillo

เหลือง

naranja

ส้ม

rosa

ชมพู

rojo

แดง

violeta

ม่วง

azul

ฟ้า

verde

เขียว

marrón

น้ำตาล

gris

เทา

negro

ดำ

los opuestos

ตรงกันข้าม

mucho / poco

มาก/ น้อย

enojado / tranquilo

ฉุนเฉียว/ สงบ

lindo / feo

สวยงาม/ น่าเกลียด

el principio / el fin

เริ่มต้น/ จบ

grande / chico

ใหญ่/ เล็ก

claro / oscuro

สว่าง/ มืด

el hermano / la hermana

น้องชาย,พี่ชาย/ น้องสาว,พี่สาว

limpio / sucio

สะอาด/ สกปรก

completo / incompleto

สมบูรณ์/ ไม่สมบูรณ์

el día / la noche

กลางวัน/ กลางคืน

muerto / vivo

ตาย/ มีชีวิต

ancho / angosto

กว้าง/ แคบ

comestible / no comestible

กินได้/ กินไม่ได้

malo / amable

ชั่วร้าย/ ใจดี

entusiasmado / aburrido

น่าตื่นเต้น/ น่าเบื่อ

gordo / flaco

อ้วน/ ผอม

primero / último

อย่างแรก/ สุดท้าย

el amigo / el enemigo

เพื่อน/ ศัตรู

lleno / vacío

เต็ม/ ว่างเปล่า

duro / blando

แข็ง/ นุ่ม

pesado / liviano

หนัก/ เบา

el hambre / la sed

หิว/ กระหายน้ำ

enfermo / sano

ป่วย/ สุขภาพดี

ilegal / legal

ผิดกฎหมาย/ ถูกกฎหมาย

inteligente / estúpido

ฉลาด/ โง่

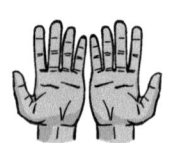

izquierda / derecha

ซ้าย/ ขวา

cerca / lejos

ใกล้/ ไกล

nuevo / usado

ใหม่ / ใช้แล้ว

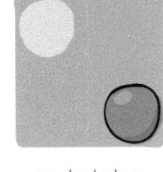

nada / algo

ไม่มี / บางสิ่งบางอย่าง

viejo / joven

แก่ / หนุ่ม

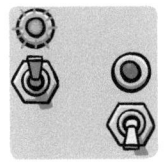

encendido / apagado

เปิด / ปิด

abierto / cerrado

เปิด / ปิด

silencioso / ruidoso

เงียบ / ดัง

rico / pobre

รวย / จน

correcto / incorrecto

ถูก / ผิด

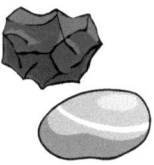

áspero / suave

ขรุขระ / เรียบ

triste / contento

เศร้า / ดีใจ

corto / largo

สั้น / ยาว

lento / rápido

ช้า / เร็ว

mojado / seco

เปียก / แห้ง

caliente / frío

อบอุ่น / หนาวเย็น

guerra / paz

สงคราม / สันติภาพ

los números
เลข/จำนวน

0	1	2
cero	uno	dos
ศูนย์	หนึ่ง	สอง
3	4	5
tres	cuatro	cinco
สาม	สี่	ห้า
6	7	8
seis	siete	ocho
หก	เจ็ด	แปด
9	10	11
nueve	diez	once
เก้า	สิบ	สิบเอ็ด

12

doce

สิบสอง

13

trece

สิบสาม

14

catorce

สิบสี่

15

quince

สิบห้า

16

dieciséis

สิบหก

17

diecisiete

สิบเจ็ด

18

dieciocho

สิบแปด

19

diecinueve

สิบเก้า

20

veinte

ยี่สิบ

100

cien

หนึ่งร้อย

1.000

mil

หนึ่งพัน

1.000.000

el millón

หนึ่งล้าน

los idiomas

ภาษา

el inglés

ภาษาอังกฤษ

el inglés americano

ภาษาอังกฤษแบบอเมริกัน

el chino mandarín

ภาษาจีนแมนดาริน

el hindi

ภาษาฮินดี

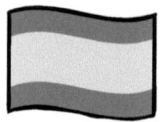

el español

ภาษาสเปน

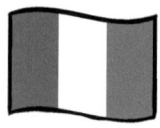

el francés

ภาษาฝรั่งเศส

el árabe

ภาษาอาหรับ

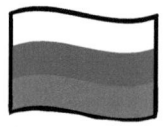

el ruso

ภาษารัสเซีย

el portugués

ภาษาโปรตุเกส

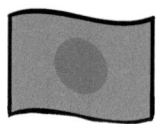

el bengalí

ภาษาเบงกอล

el alemán

ภาษาเยอรมัน

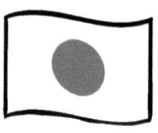

el japonés

ภาษาญี่ปุ่น

yo

ฉัน

vos

เธอ

él / ella

เขา / หล่อน / มัน

nosotros

พวกเรา

ustedes

พวกคุณ

ellos

พวกเขา

¿quién?

ใคร?

¿qué?

อะไร?

¿cómo?

อย่างไร?

¿dónde?

ที่ไหน?

¿cuándo?

เมื่อไหร่?

el nombre

ชื่อ

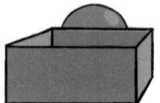

dónde

ทีไหน

detrás

ข้างหลัง

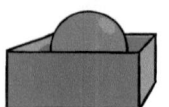

en

ใน

adelante de

ข้างหน้า

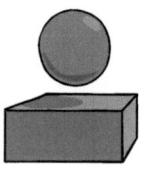

por encima de

เหนือ

sobre

บน

debajo de

ใต้

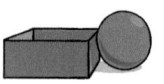

al lado de

ด้านข้าง

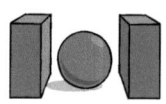

entre

ระหว่าง

el lugar

ตำแหน่ง